J. BOUCHÉ

Le procès Verdesi

ÉDITIONS DES *QUESTIONS ECCLESIASTIQUES*
N° 108. — Juillet 1911

LILLE

RÉDACTION :
3, rue d'Isly

ADMINISTRATION :
15, rue d'Angleterre

J. BOUCHÉ

Le procès Verdesi

EDITIONS DES *QUESTIONS ECCLESIASTIQUES*
N° **103**. — Juillet 1911

LILLE

RÉDACTION :
3, rue d'Isly

ADMINISTRATION :
15, rue d'Angleterre

Le procès Verdesi [1]

L'ORIGINE DU PROCÈS ET LES FAITS

Il n'est pas extrêmement commode, je ne dis pas de débrouiller, mais d'exposer seulement le procès Verdesi. Il y a là tant de replis, encore compliqués par l'habileté italienne, que l'on ne peut jamais être parfaitement assuré de les avoir tous découverts et suivis. Les choses essentielles sont cependant aujourd'hui définitivement acquises ; et il ne paraît pas que rien doive à l'avenir modifier l'appréciation générale que nous pouvons, dès maintenant, porter sur cette scandaleuse affaire.

Voici d'abord brièvement, d'après l'*Osservatore Romano*, l'origine du procès :

« Pendant la semaine sainte, où tous les catholiques sentent plus vivement le besoin de s'approcher du sacrement de la confession, deux journaux, connus par leurs sentiments antireligieux et anticatholiques, le *Secolo* et le *Messaggero*, lancèrent *le même jour* — 12 avril — et à *la même heure*, à Milan et à Rome, le *Scandale de la confession*. Les deux journaux publiaient en même temps une interview d'un apostat — Gustave Verdesi — qui, pour justifier sa sortie de

---

(1) On ne s'étonnera point que l'on paraisse ici prêter quelque importance à ce procès ; et, si la presse étrangère ne s'en est guère occupé comme il le fallait, il n'est peut-être pas trop difficile d'en trouver les raisons.

« Le procès Bricarelli-Verdesi gênait terriblement la triple alliance anti-romaine des francs maçons, des protestants, des modernistes. Donc, leur presse — qui eût fait un bluff énorme si le procès avait tourné mal pour les romains et les papistes — a reçu et donné le mot d'ordre du silence. La plupart des organes de la presse libérale sont venus au secours en parlant du procès le moins possible et surtout d'une façon anodine.

« Ainsi, l'indifférence du public catholique, hors de l'Italie, est — une fois de plus — l'effe. et non pas la cause d'un complot de presse où se retrouve toute la gamme des anti-romains, depuis le franc-maçon avéré jusqu'au libéral complice des modernistes » (*Correspondance de Rome*, cité par l'*Univers* du 16 juin).

l'Eglise catholique, accusait le prêtre Charles Bricarelli d'avoir trahi à son dommage le secret de la confession et se plaignait d'avoir été victime de ses violences morales.

« L'interview, reproduite avec les titres les plus sensationnels de la presse anticatholique, eut un large écho dans toute la péninsule; mais tandis qu'une partie de la presse, depuis le *Corriere della sera* jusqu'à la *Stampa*, du *Giornale d'Italia* à la *Tribuna*, se bornait à reproduire la fantastique narration de Verdesi, l'*Avanti*, la *Ragione*, le *Messaggero*, le *Secolo* enchérissaient toujours davantage dans leurs commentaires, en cherchant tous les moyens d'agrandir le scandale » (2).

Le P. Bricarelli, pour venger son honneur sacerdotal, porta l'affaire devant le tribunal de Rome (3). Il présenta au Procureur du Roi une requête régulière contre Verdesi qu'il déclara poursuivre comme coupable du délit de diffamation prévu par les articles 45 et 393 du code pénal et encore aggravé par l'article 29 du même code. Usant, du reste, d'une permission qui lui était concédée par l'art. 394, n. 3 du Code pénal, le P. Bricarelli accordait généreusement à Verdesi la plus ample faculté, comme on dit en termes juridiques, de faire la preuve; mais il ne pouvait pas donner de faveur plus embarrassante à son adversaire dont l'accusation n'était que le produit d'une imagination exaltée et n'avait été du reste inventée que pour servir les desseins les plus inavouables.

Voilà, en effet, le point sur lequel on ne saurait d'abord trop insister; et le simple récit des faits, qui sont dans ces

---

(2) *Osservatore Romano*. 23 mai 1911.

(3) Dans certains milieux libéraux, on a mené grand bruit autour de ce procès. On a voulu y voir la reconnaissance par l'autorité religieuse supérieure des faits accomplis. Le Père Bricarelli ne s'était-il pas adressé à un tribunal romain, dans une question où la discipline ecclésiastique et la théologie jouaient un rôle primordial, et cela avec le consentement de cette autorité supérieure ?

« Sous cette forme, la question est mal posée. La qualité du plaignant et de l'accusé, le lieu où a été jugé le procès, les témoignages invoqués, ont donné au procès une grande ampleur, mais ce ne sont là que des accessoires. Le fait beaucoup plus simple est qu'un particulier, diffamé publiquement, s'est adressé à un tribunal pour la protection de son honneur privé lésé. Là est la substance du procès. Ce n'est ni la faute du Père Bricarelli, ni celle de l'autorité religieuse si, dans l'attention publique, ces accessoires ont pris la première place » (*Action Française*, 15 juin 1911).

sortes de matières les meilleurs témoins, constitue la preuve la plus éclatante de la mauvaise foi du diffamateur et de l'inanité de ses accusations.

« J'ai connu Gustave Verdesi, a dit dans sa déposition le P. Bricarelli, plusieurs années avant qu'il fut prêtre. A sa première messe, le 26 mai 1907, il m'invita à l'assister. Quand il eut quitté le Séminaire romain, il vint me trouver de temps en temps pour se confesser, quelquefois simplement pour me rendre visite. C'était en juin et juillet de cette même année 1907. Au mois d'août, je quittai Rome, pour n'y revenir qu'à la mi-septembre. Je le revis rarement, il habitait loin de chez moi, et était occupé aux petits travaux de son ministère. Il me dit un jour qu'il serait plus commode pour lui de se confesser ailleurs. Naturellement je ne fis aucune observation. Tout en étant bons amis, je cessai ainsi d'être son confesseur vers la fin de 1907. En 1908, je le revis une fois en janvier, puis ce fut tout pendant six mois.

« Dans les derniers jours de juillet, il vint une fois me faire visite. Assis à mon bureau, en conversation amicale, il me dit qu'il était préoccupé parce qu'il avait pris part à ces réunions de prêtres modernistes, notoires dans le milieu ecclésiastique de Rome, qui se tenaient chez le prêtre Ernest Bonaiuti ; il ajouta les noms des principaux.

« Il ne savait pas ce qu'il devait faire. D'un côté, il avait l'air sincèrement repenti, même profondément dégoûté de ce qu'il avait entendu. D'un autre côté, il comprenait le devoir que lui imposait la loi divine et ecclésiastique de dénoncer aux supérieurs ce qu'il avait appris et il restait perplexe à l'idée de faire tort à des amis.

« Il me demandait conseil. Je savais depuis le temps de son séminaire, lors de l'affaire publique d'un de ses professeurs, Bonaiuti, ses sympathies pour les modernistes. Je ne lui cachai donc pas ma satisfaction de le voir revenu à de meilleurs sentiments, je le fortifiai dans son propos de faire la dénonciation à laquelle il se sentait obligé, et quant au mode, je me réservai d'y penser et de lui donner une réponse.

« Deux semaines environ après cette conversation, le jour de saint Laurent, 10 août 1908, je voyais le Pape en audience privée pour d'autres affaires. Je saisis cette occasion pour demander à Sa Sainteté un conseil sur un cas de conscience qui m'avait été soumis en dehors de toute confession par un prêtre, que je ne nommais pas. Le Saint-Père, relevant le devoir de tout bon prêtre de dénoncer les faits et circonstances compromettant l'intégrité de la foi, me répondit simplement que je devais en son nom ordonner au prêtre de mettre par écrit ce qu'il 'm'avait rapporté, sans y apposer son propre nom ; puis qu'il me consignât cet écrit ; et moi, je le ferais parvenir sous double enveloppe directement entre les mains du Saint-Père. Il m'imposa, à moi et à ce prêtre, le secret du Saint-Office, et il me congédia.

« Le jour même de cette audience, dans l'après-midi, je partis de Rome pour Pioppi, et je ne revis plus Verdesi qu'après les vacances, en octobre.

« Dès le 4 septembre 1908, par lettre, j'avais communiqué à Verdesi l'ordre du Saint-Père ; à mon retour je lui confirmai ces instructions, et conscient de son devoir, sans hésitation aucune, il écrivit de sa main la dénonciation et me l'apporta. Je lui proposai de moi-même et à sa pleine satisfaction de recopier de ma main tout cet écrit afin que l'écriture ne révélât point l'auteur. C'est ce que je fis, sans recopier la signature, bien entendu, et sous pli fermé, je fis parvenir l'écrit directement au Saint-Père. Je n'en ai plus rien su.

« Dans les rares occasions où je revis ensuite Verdesi, il se montra toujours très gentil ; le 4 novembre, quelques jours après cette affaire, il venait me souhaiter la Saint-Charles. Une autre fois, il me dit en souriant que par bonheur aucun de ses amis n'avait eu vent de sa dénonciation. Puis ses visites cessèrent tout à fait ».

Tel est le récit des faits. Verdesi lui-même n'en a point contesté un iota. Ce n'est point lui, d'ailleurs, qui a forgé ce roman dont il serait le premier à reconnaître la fausseté ; et il a donc bien pu être condamné à 8 mois de réclusion et 800 fr. d'amende, puisqu'il avait consenti à se prêter à cette ingrate diffamation ; mais le tribunal de Rome, en le frappant, n'a pas atteint tous les coupables ; et s'il n'est pas sans doute ici question de plaider l'innocence de Verdesi, on ne peut pourtant pas s'empêcher de dire que ce pauvre et malheureux apostat n'aura été, somme toute, dans toute cette affaire que l'une des plus tristes victimes des modernistes et l'un des plus bas instruments des sectes protestante et maçonnique : les vrais coupables, les voilà ; et puisqu'ils s'arrangent toujours pour se dérober à la justice, ce sont donc les premiers qu'il faut dénoncer à l'opinion. Il est, du reste, impossible de saisir toute la portée de ce procès, désormais fameux, si l'on ne cherche point d'abord les ateliers qui ont monté cette odieuse machine.

II. — *MODERNISME, MÉTHODISME, MAÇONNERIE*

« En ce moment même, écrivait le correspondant romain du *Temps*, M. Jean Carrère, on plaide devant le tribunal de Rome un procès compliqué, mais d'un intérêt capital, qu'on appelle déjà populairement le procès du modernisme ». C'est Verdesi qui en a dressé l'acte d'accusation. Le Saint-Siège connaissait déjà sans doute tous les faits qui y sont relevés à la charge des modernistes : « Le Saint-Père, écrivait son Em. le card. Respighi au P. Bricarelli, a daigné relever une autre circonstance, c'est que les faits que lui rapportait votre Paternité en août 1908, lui étaient déjà bien connus par une autre source »; et voilà pourquoi « la dénonciation anonyme faite par Verdesi ne pouvait pas influer sur les mesures qui furent ensuite prises par le Saint-Siège contre ces prêtres que Verdesi accusait de modernisme ». Mais cette dénonciation, que le procès a livrée à la publicité, n'en demeure pas moins l'un des réquisitoires 'les plus instructifs dont l'opinion catholique ait été jusqu'ici saisie; et on ne s'étonnera donc point d'en trouver ici la traduction intégrale.

« Il existe à Rome, y écrit Verdesi, un groupe de prêtres qui, ne croyant plus aux dogmes religieux imposée par le Christianisme, suivent, au point de vue intellectuel, un mélange d'agnosticisme, de rationalisme, de pragmatisme, niant par suite même l'existence de Dieu, n'admettant comme religion qu'un perfectionnement moral, naturel de l'individu ; au point de vue pratique, ils ont une conduite au moins en apparence morale.

« Ils ne reconnaissent plus intérieurement l'autorité religieuse ; ils se croient dégagés de l'obligation de quelques-uns des devoirs propres à leur état, comme la récitation de l'office divin.

« Ces prêtres avaient l'habitude de se réunir tous les vendredis dans l'après-midi, chez le professeur Bonaiuti, directeur de la revue *Nova et Vetera*, où il écrivit sous le pseudonyme (je ne sais s'il le fait encore présentement) de P. Vinci.

« Ce que j'ai su, et en assistant à quelques-unes de ces réunions et en parlant avec ces prêtres, et par d'autres sources bonnes et sûres, qui sont au courant de tout cela, le voici :

« A ces réunions de caractère plutôt amical j'ai vu (printemps

de 1908) le prêtre Mario Rossi, le prêtre Turchi, le prêtre Pias-
trelli, ex-élève du Séminaire dirigé par Tracassini, à Pérouse, et
alors résidant au Collège Léonien ; une fois un prêtre schismati-
que, ruthène, je crois, de passage à Rome ; une autre fois un
prêtre étranger dont je ne me rappelle plus le nom, le prêtre
Ottorino Coppa.

« Le prêtre Bonaiuti me dit qu'il n'admettait pas la person-
nalité de Dieu.

« J'ai entendu à ces réunions nier l'infaillibilité du Pape, la
divinité de Jésus-Christ. Je n'ai jamais entendu parler contre
les mœurs, mais au contraire réprouver certains scandales sacer-
dotaux.

« J'ai su le nom d'autres écrivains de *Nova et Vetera* : D.
Mario Rossi, vicaire à la Madonne dei Monti, sous le pseudo-
nyme de P. Nelly ; le prêtre Pioli, ancien vice-directeur de la
Propagande, sous le pseudonyme de D. Aschenrodel.

« J'ai su d'un de ces prêtres que Bonaiuti, peut-être avec la
coopération de Turchi, avait écrit les « Lettres d'un prêtre moderniste ».

« J'ai su que Turchi et Coppa n'ont jamais écrit dans le *Nova
et Vetera*. Coppa, en outre, bien qu'antérieurement, alors tout
au moins, il partageât plus ou moins les principes des autres,
ne prenait pas grande part à leurs discussions, n'allait pas toujours à leurs réunions ; actuellement il les fréquente très peu, il
n'a jamais rien écrit nulle part sur ces sujets.

« J'ai entendu dire que Turchi préparait un roman qu'il
publierait sous un pseudonyme.

« J'ai su que Bonaiuti a écrit aussi des articles sous divers
pseudonymes dans le *Rinnovamento*. J'ai su que habilement,
Bonaiuti lui-même, pour rester caché, combat quelquefois dans
ses articles du *Nova et Vetera* et des « Lettres d'un prêtre moderniste » le Bonaiuti de la « Revue des sciences théologiques ».

« J'ai entendu que dans une réunion à laquelle assistait aussi
Sabatier, le prêtre Mario Rossi, plus névropathe que méchant,
alla jusqu'à dire : « Ce bouffon de Christ », expression qui déplût
à Sabatier et qui dégoûta aussi les autres.

« J'ai su que Bonaiuti, dans un voyage, alla trouver Loisy.

« Bonaiuti et d'autres sont décidés à rester dans l'Eglise tant
que cela leur sera possible, puis à la première condamnation
personnelle, ils jetteront le masque.

« Le prêtre Coppa me disait que la méthode de propagande
moderniste est de s'adapter aux divers états de conscience, c'est-
à-dire de détruire les préjugés religieux dans les âmes les plus
accessibles au renouvellement intérieur.

« J'ai su que le professeur Bonaiuti appelé par Mgr Faberi

pour dire s'il était oui ou non l'auteur de certains articles du
Nova et Vetera protesta en jurant de ne pas l'être ...... Rome,
octobre 1908 ».

« La précision des accusations contenues dans le document
signé par Verdesi, ajoutait le *Temps*, donne à cette affaire
une bien plus grande portée que celle d'un démêlé en matière
de discipline ecclésiastique, c'est toute l'affaire du modernisme qui reparaît dans son ampleur.

« Les accusations de l'ex-abbé Verdesi contre quelques
modernistes de marque, semblent confirmées en effet par la
plupart des témoins qui viennent déposer. Mgr Benigni, no-
tamment, plus au courant que quiconque de ce qui se passe
au Vatican, a déclaré que les dénonciations de Verdesi
n'avaient rien appris de nouveau au Saint-Siège, et que l'on
n'y connaissait que trop bien les agissements de quelques
abbés soi-disant réformateurs de l'Eglise, et en réalité ses
ennemis.

« Cette déposition et d'autres ont produit la plus grande
impression sur l'opinion catholique romaine qui, parfois,
avait été quelque peu indulgente au modernisme.

Dans ces conditions, disent les catholiques de Rome, le
modernisme ne serait plus une forme plus ou moins avancée
et hardie du catholicisme, mais bel et bien une secte violem-
ment hostile au catholicisme même, et d'autant plus dange-
reuse qu'elle l'attaque et le détruit par le dedans » (4).

Et là-dessus, ne voit-on pas assez bien que le *Temps*, sans
exagérer du reste la responsabilité des modernistes, s'ar-
range cependant avec assez de discrétion et d'habileté pour
ne plus rien nous laisser soupçonner au-delà ? et c'est sans
doute, si l'on veut, toute l'affaire du modernisme qui reparaît
dans toute son ampleur; mais c'est peut-être bien plus encore toute l'affaire du méthodisme et de la maçonnerie, dont
il est possible que le *Temps* ait eu quelques bonnes raisons
de ne point parler. Personne ne contestera donc que Verdesi
ait achevé de se perdre dans les réunions modernistes aux-

(4) *Temps*, cité par l'*Univers* du 1ᵉʳ juin 1911.

quelles il assistait; et on ne manquera pas de signaler la
funeste influence de ces conciliabules qui « excellent à ma-
laxer, pour les pires déchéances, les âmes encore hésitan-
tes »; mais il faudra dire aussi que la déchéance ou l'apostasie ne s'est finalement consommée que chez les méthodistes :
ce sont eux qui ont recueilli Verdesi, et qui l'ont utilisé, avec
les francs-maçons, à la plus infâme des besognes.

La secte méthodiste mène en effet, au cœur même de
Rome, la lutte la plus acharnée contre le catholicisme et contre le Pape. L'un de ses principaux efforts est d'attirer les
prêtres ébranlés dans leur sacerdoce et dans leur foi. Elle les
accueille dans une sorte d'Institut ou d'Ecole théologique,
dirigée par le pasteur Nitti où, suivant les propres expres-
sions de Quadrotta, on les tient *ad experimentum* pendant
trois ans. Verdesi et ses amis ont expliqué que, sur la recom-
mandation de cet Institut, la société Méthodiste Américaine
consent aux apostats un prêt de plusieurs milliers de francs.
Si, après ces trois années de noviciat, l'apostat ne reste pas
au service de la secte, il est obligé de restituer le prêt qui lui
a été consenti. — Verdesi a signé ce marché; et on lui a versé
les trente deniers.

« Il ne faudrait pas croire d'ailleurs, ainsi que le fait très
justement remarquer l'*Univers*, que la trahison de Verdesi
n'eut pas d'origines plus lointaines que la signature du der-
nier marché et le versement des trente deniers...

« Verdesi n'était encore que tout jeune novice à San Paolo.
Il accompagnait ses confrères à la promenade. Tout à coup,
au détour d'une rue, le jeune homme disparaît. On l'appelle,
on le cherche; il demeure introuvable. On doit rentrer sans
lui. Les supérieurs s'inquiètent et délibèrent. Mais, vers le
soir, Verdesi rentre très excité. Il s'excuse, il demande par-
don en termes incohérents : « Il a cédé à une impulsion sou-
daine. Depuis quelque temps, il est tourmenté de scrupules.
Sa foi chancelait. Il a couru chez un pasteur protestant, il
lui a parlé. Mais cette fièvre est tombée. Il revient à son cher
couvent; il lui reste attaché pour toujours...

« En réfléchissant aux circonstances de ce fait aujourd'hui
avéré, qui ne serait frappé de certains détails ? S'échappe-

t-on ainsi et court-on si vite au but sans savoir où le trouver ? Sait-on par intuition où loge un de ces excellents Révérends ? Verdesi était travaillé par eux dès cette époque, il avait leur adresse ; sa fugue était calculée ; et, s'il ne donna pas suite à son projet, c'est précisément sur l'injonction ou le conseil de ces gens-là. Il n'est resté plus longtemps parmi nous que pour trahir, selon leur désir, avec plus d'éclat. Voilà l'évidence qui s'impose...

« Ces messieurs n'avaient que faire du frère lai ; il leur fallait l'abjuration d'un prêtre...

« Et pour quiconque a suivi avec attention ce triste procès, les manœuvres publiquement mises à nu des méthodistes, les mensonges, les parjures, la trahison payée du malheureux Verdesi, il n'est plus de doute possible. Son apostasie intérieure date de là ; c'est depuis ce temps-la qu'entré en relation avec l'agence, il est payé par elle, mené par elle, préparé par elle à faire éclater le scandale du jour.

« La tactique est de fomenter la trahison chez nous, parmi nous, à demeure.» (5).

Telle est la véritable genèse de ce scandale, si longuement et si diaboliquement combiné : il ne s'agissait, en effet, que de pervertir un prêtre catholique, et de l'amener par des diffamations fantaisistes à discréditer la plus redoutable fonction de son sacerdoce. Les méthodistes avaient pu se flatter que leurs perfides desseins seraient admirablement servis par ce pauvre et malheureux Verdesi ; et, afin de prolonger l'effet d'un scandale dont le succès ne paraissait faire de doute à aucun d'entre eux, ils poussèrent l'audace jusqu'à faire distribuer dans Saint-Pierre, le jour de Pâques, des tracts contre la confession. Mais hélas ! il n'y a point de machine si bien montée dont on puisse garantir tous les ressorts ; et les calculs les mieux arrangés ne sont-ils pas toujours ceux que l'on peut le plus facilement déjouer ? Tant y a que, dans leur sagesse consommée, les pasteurs méthodistes ne laissèrent pas sans doute d'avoir prévu beaucoup de choses ; mais que la plupart des choses qu'ils avaient prévues n'arrivèrent

(5) *Univers*, 10 juin 1911.

point, et que par une juste compensation il en arriva quelques-unes qu'ils n'avaient point prévues ! « Les auteurs de cette infâme machination, dit Aventino, avaient bien prévu l'éclat du scandale, le parti à en tirer, la publicité à lui donner, etc. Ce que personne n'avait prévu, c'est ce qui devait arriver, c'est-à-dire l'appel de ce scandale devant les tribunaux romains » (6). Ce fut comme un baril de poudre, jeté dans la maison : la maison sautera, si l'on met le feu au baril; et Dieu sait, la poudre n'étant que trop facilement inflammable, tous les soins qu'il fallait pour éviter la catastrophe ! Mais si les méthodistes ne devaient plus suffire à cette nouvelle tâche qu'ils n'avaient point marquée dans leur plan d'opération et pour laquelle aussi bien ils n'étaient point préparés, les francs-maçons étaient là pour recueillir la succession de cette triste affaire au moment même où celle-ci échappait, si j'ose ainsi dire, à ses légitimes propriétaires; et l'on vit alors ce spectacle édifiant de deux sectes, si singulièrement opposées par leurs principes l'une à l'autre, se donner la main et conspirer ensemble contre un ennemi commun dont la moindre victoire n'est pas d'avoir toujours ainsi coalisé les forces les plus disparates, et réuni entre eux les éléments qui eussent pu paraître d'abord le plus incompatibles ! (7)

Les francs-maçons vinrent donc soutenir devant le tribunal de Rome le scandale que les méthodistes avaient préparé dans leurs officines : ils y avaient employé déjà leurs journalistes; leurs avocats se consacrèrent à cette cause comme à la défense de leurs propres intérêts. « Verdesi, écrit l'*Univers*, a eu pour défenseur, dans ce procès, les plus fameux avocats italiens et une nuée de sous-ordres. Qui a payé toutes ces langues dorées ? Les 3.000 francs des méthodistes sont

(6) *Action Française*, 15 juin 1911.
(7) Chacun sait, au surplus, que l'incompatibilité des sectes protestantes, et spécialement des sectes américaines, et de la maçonnerie n'est point telle qu'on pourrait le croire, et que l'on affecte encore aujourd'hui de le dire dans certains milieux libéraux et pacifistes. Le protestantisme, qui s'effrite chaque jour davantage, ne vit plus que de son opposition au catholicisme : c'est là, dans cette opposition, qu'il rencontre naturellement la maçonnerie : et il est inévitable que le mouvement qui l'entraîne ne finisse un jour par le partager en deux tronçons dont l'un s'absorbera dans la franc-maçonnerie, et l'autre retournera au catholicisme.

déjà loin. Verdesi est sans ressources. Ces nouveaux auxiliaires n'ont pas coutume de briller par le désintéressement; ils n'en auraient pas en tout cas déployé en pure perte un tel luxe. Mais ils sont les hommes de la Maçonnerie : ils ont accompli son mot d'ordre et gagné leurs gages.

« Barzilaï, le premier avocat de l'Italie pour les affaires criminelles, député et homme politique influent, a mis sa réelle éloquence au service de cette pauvre cause. Le professeur Scaduto, qui passe également pour le premier des avocats romains au civil, a employé toute sa science et sa subtilité juridique à sauver le coupable. Or, ils sont tous deux maçons et dignitaires de la Maçonnerie. Albano, Mazzolani et les autres sont ses chargés d'affaires officiels. Est-il rien de plus clair ? (8) »

Il n'y a rien de plus clair en effet qu'en confiant à la maçonnerie le soin de défendre ce procès, on ne cherchât encore à étendre ce scandale; et, comme on savait très bien qu'il ne pouvait pas y avoir de plus mauvais cas que celui de Verdesi, les avocats ne s'acharnèrent point à plaider une cause qu'ils savaient perdue d'avance; mais ils ne songèrent qu'à exploiter ce procès pour les mêmes fins politiques et antireligieuses auxquelles on avait d'abord voulu faire servir la diffamation : c'est ce qui fait que les débats s'épuisèrent en incidents presque totalement étrangers à l'objet du procès.

III. — *LE PROCÈS ET SES INCIDENTS*

Le procès lui-même fut donc vite terminé. Verdesi n'a osé, à aucun moment des débats, reprendre l'accusation que le P. Bricarelli aurait révélé des choses connues de lui sous le secret de la confession; et, quand le P. Bricarelli, dans la déposition que nous en avons rapportée, a raconté avec une précision émouvante dans sa simplicité le détail de toute cette affaire, l'accusé n'a point soulevé la moindre protestation d'inexactitude. — Le témoignage du Pape, qui vint se

(8) *Univers*, 10 juin 1911.

joindre à celui du P. Bricarelli, lui apporta une confirma-
tion éclatante que les avocats de Verdesi cherchèrent vaine-
ment à éviter et dont ils n'arrivèrent, par leurs manœuvres,
qu'à augmenter l'effet. « L'auguste Pontife se rappelle bien,
écrivait le card. Respighi dans la lettre que nous avons déjà
citée, et dans sa bonté, il a daigné me déclarer que quand
vous lui avez rapporté, dans le seul but d'obtenir un conseil
autorisé, les faits que vous avait racontés Verdesi, jamais
vous n'avez donné son nom; de plus, *vous lui avez déclaré
expressément que vous aviez appris ces faits hors de la confession, dans un simple colloque que vous aviez eu avec un
prêtre de vos amis* (9). De ce que vous avez fait ce rapport
au Pape et de ce que vous avez ensuite déclaré à Verdesi lui-
même l'obligation de faire à l'autorité compétente une
dénonciation formelle des faits rapportés, il n'y a aucun
motif de faire un reproche à Votre Paternité, car vous avez
ainsi rempli louablement votre strict devoir de prêtre, obéis-
sant aux prescriptions de l'Eglise ».

Ainsi la cause était jugée; et les avocats eurent bientôt
fait d'abandonner Verdesi à son malheureux sort.

« Les avocats de Verdesi ont démontré, par leurs singu-
liers procédés de défense, qu'ils ne se faisaient aucune illu-
sion sur l'issue de ce procès.

« Tous leurs efforts ont consisté à détourner les débats de
leur véritable objet. Chaque jour les voyait soulever un incident nouveau, qui greffait sur le procès principal une sorte
de procès particulier. Ils avaient, tout au début, plaidé l'in-
compétence du tribunal : et, dès lors, se manifestait leur

---

(9) Voilà en effet le point qu'il ne faut pas oublier. Il est étonnant qu'un
bon nombre de feuilles ne l'aient pas vu. Ainsi, on peut lire dans l'une d'entre elles. « Verdesi fréquentait aussi des cercles de prêtres modernistes et en
parla à son confesseur. — Le P. Bricarelli, quand il revit son *pénitent*, lui
déclara qu'il devait dénoncer au vicariat les prêtres modernistes avec les-
quels il avait été en rapport, et ce, *sous peine de refus d'absolution*. Diom
Verdesi *se refusa à faire cette dénonciation* et se retira chez les méthodistes ». Quand Verdesi vint demander conseil au P. Bricarelli dans les derniers jours de juillet 1908, il y avait six mois qu'il ne s'était pas confessé
au Père. « Dans les derniers jours de juillet, il vint une fois me faire visite.
Assis à mon bureau, en conversation amicale, il me dit, etc. » Il ne s'agit
donc pas ici de confession ; et, si le P. Bricarelli n'a pas donné au Pape le
nom de Verdesi, ce n'est point pour ne pas violer un secret sacramentel qui
n'existait pas, mais il avait d'autres raisons, qui sont faciles à comprendre,
et qu'il a du reste expliquées lui-même à l'audience.

désir d'éviter la lumière. Ils voulurent, le lendemain, forcer un témoin, Mgr Bianchi-Cagliesi, à parler des choses entendues en confession; ils prétendirent ensuite que le R. P. Bricarelli attribuât à ses supérieurs l'initiative du procès et qu'il déclarât quels étaient ces supérieurs; on eut, le 28, l'incident des cardinaux dont la défense de Verdesi réclamait la déposition devant le tribunal même; le 29, ils s'insurgeaient avec violence contre la lettre du cardinal-vicaire au R. P. Bricarelli; le 31, enfin, nouveaux efforts pour contraindre, cette fois, le R. P. Bricarelli, à jeter dans les débats les confessions de Verdesi.

« En criant si fort qu'on les empêchait de découvrir la vérité, ils prouvaient qu'ils tenaient par dessus tout à cacher la lumière » (10).

Les deux principaux incidents de ce procès ont rapport à la déposition des cardinaux et à la nature du secret de la confession.

Les avocats du P. Bricarelli et ceux de Verdesi avaient cité comme témoins deux cardinaux : LL. EE. Respighi et Martinelli.

Les défenseurs de Verdesi émirent la prétention et soutinrent la thèse que les cardinaux étaient des citoyens comme les autres, qu'ils n'avaient droit à aucun traitement de faveur, qu'ils devaient donc comparaître personnellement à la barre du tribunal pour y subir les contradictions de la discussion orale.

Le tribunal, conformément à la jurisprudence constante, déclara que les cardinaux sont et doivent être traités en Italie comme les grands officiers de l'Etat et jouir des droits et privilèges afférents à ce titre. Nous reproduisons ici les passages essentiels de l'ordonnance qui fut rendue à ce sujet :

Le Tribunal,

Sur l'incident soulevé par la défense de l'imputé, observe,

Qu'en vertu des articles 723 et 724 du Code de procédure pénale, ne peuvent en principe être cités devant les autorités judiciaires les princes royaux et les grands officiers de l'Etat ;

(10) *Croix du Nord*, 8 juin 1911.

Qu'aucune disposition de loi n'établissant les règles pour définir quels sont les grands officiers de l'Etat, il faut donc uniquement avoir égard au décret du 19 avril 1868 réglant l'ordre des préséances entre les diverses charges de la Cour et dans les fonctions publiques ;

Que ledit décret à l'art. 6 établit quels sont les grands officiers de l'Etat, en s'en rapportant uniquement aux quatre premières catégories de dignitaires énumérés dans l'article 1er, et que ceux-ci ne remplissent pas tous des fonctions publiques...

Que l'art. 2 de ce décret des préséances établit que les cardinaux précèdent les chevaliers de l'Ordre suprême de l'Annonciade ; en sorte que s'il ne les met pas sur le même rang que les princes royaux, il les place certainement au-dessus des grands officiers de l'Etat...

Que par suite le fondement juridique et social des articles 723 et 724 du Code de P. P. étant de fixer un traitement spécial en faveur des personnes qui, en raison de la dignité de leur charge méritent des marques particulières d'honneur et de respect, il n'est pas à penser que la loi ait voulu concéder ce privilège à deux catégories de personnes et en exclure une autre catégorie qui, étant entre les deux autres de par le décret des préséances, mérite plus d'égard que la seconde...

...Rejette l'incident et ordonne que les témoins cardinaux Respighi et Martinelli seront entendus dans les formes fixées par l'art. 725 C. P. P.

Les avocats de Verdesi avaient demandé subsidiairement que si les cardinaux étaient interrogés à domicile, ils le fussent en présence des deux parties.

C'est cette prétention exorbitante que rejetait le tribunal dans la seconde partie de son arrêt, attendu, disait-il, « que cette intervention des parties répugnerait aussi bien à l'esprit qu'à la lettre de la loi, puisque la raison de l'interrogatoire à domicile est un privilège en faveur de la personne, et que ce privilège se convertirait en une tracasserie pénible, si les parties pouvaient transporter en son domicile, par leur intervention, la publicité, les disputes et la rumeur des débats ».

Le second incident est relatif à la nature du secret de la confession. Verdesi avait délié l'un de ses confesseurs, Mgr Bianchi-Cagliesi, du secret sacramentel en ce qui concernait un point de sa cause. Mgr Bianchi déclara que même

avec sa permission, il ne parlerait pas, parce que le secret
sacramentel est inhérent à l'office même du confesseur et
reste confié à la conscience de celui qui l'a reçu. Cette thèse,
qui avait été combattue par le ministère public et par l'avocat Fabrizi, fut adoptée par le tribunal.

Le Tribunal,

Sur l'incident soulevé par le ministère public observe,
Que les prêtres, relativement aux confidences qui leur ont été
faites sous le secret de la confession, sont compris dans la catégorie des personnes qui, d'après l'art. 288 du code de P. P., ne
peuvent être obligées à déposer sur les faits et circonstances
qu'ils connaissent par leur office, état ou profession.
Que le fondement juridique et moral des susdites dispositions
de la loi se trouve, non pas seulement dans l'intérêt que peut
avoir l'individu, qui est obligé de recourir au travail d'un professionnel, de ne pas voir divulguer ce que dans de telles occasions il a du confier à la conscience de ce professionnel ; mais
aussi dans la nécessité de protéger tout ensemble l'honneur, la
sécurité et l'union de la famille, la composition de la société et
la dignité de la charge que l'on revêt ;
Que par conséquent il ne peut dépendre de la volonté de celui
qui a confié un secret de contraindre le professionnel à révéler
ce même secret...
Et qu'en fait Pessina observe à juste raison que le client pourrait ne pas être en mesure d'apprécier exactement les consé-
quences des révélations ; c'est pourquoi on doit laisser exclusi-
vement à la prudence du professionnel le soin de choisir entre
le silence ou la déposition.
Pour ces motifs, rejette l'incident, etc.

Le président du tribunal, après avoir lu cette décision,
expliqua à Mgr Bianchi qu'il était donc libre de répondre s'il
le jugeait à propos, mais qu'il n'y était point forcé par la
loi. Mgr Bianchi répliqua simplement que « pour la dignité
du sacrement, il entendait ne pas répondre ». Le même incident fut soulevé à propos du P. Bricarelli ; celui-ci fit la
même réponse : « à une pareille question, j'entends ne pas
répondre, même si Verdesi m'en donne l'autorisation... sur
ce que Verdesi m'a dit en confession, le président sait très
bien que je ne puis pas, que je ne dois pas, que je ne veux

pas répondre ». Ainsi « l'anticléricalisme avait rêvé d'exploiter la défaillance d'un apostat et sa diffamation contre la confession catholique, et voici qu'en plein prétoire retentit sous mille formes éloquentes et impressionnantes la meilleure apologétique de la confession et de son secret. Les prêtres viennent prêcher dans ce milieu inaccoutumé le souverain respect donc l'Eglise entoure le secret confessionnel » (11).

Telle est donc finalement la conclusion sur laquelle on peut arrêter le récit du procès : non seulement la diffamation inventée par les méthodistes n'a rien donné de ce qu'ils en avaient attendu; mais les débats eux-mêmes, dont ils ont encore essayé de tirer tout ce qu'ils ont pu, n'ont été qu'une perpétuelle plaidoirie en faveur de la confession et du sacerdoce catholique. Ainsi la triple conjuration moderniste, méthodiste, maçonnique a été vaincue par ses propres procédés, et elle s'est anéantie pour ainsi dire elle-même par ses propres manœuvres; l'affreux complot qu'elle avait tramé contre la religion s'est retourné contre elle; et les débris de cette grande machination menacent d'engloutir ceux qui l'avaient montée.

(11) *Univers*, 28 mai 1911.

Lille. Imp. de *La Croix du Nord*. — 4168ʒ

Les Questions

Ecclésiastiques

paraissent le 10 de chaque mois, en un fascicule in-8° d'au moins 96 pages, soigneusement imprimées sur beau papier. Elles forment annuellement deux volumes d'environ 600 pages pour chacun desquels il est fourni une couverture, une feuille de tête et quatre tables diverses : Auteurs, Actes du Saint-Siège, Bibliographie, Analytique.

L'abonnement court de janvier à janvier.

PRIX : France et Alsace-Lorraine. 12.00
Europe. 13.50
Hors d'Europe 15.00

Prière de s'adresser, pour ce qui concerne l'administration, à M. l'Administrateur de la Revue, 15, rue d'Angleterre, à Lille.

Envoyer ce qui regarde la rédaction et les ouvrages pour comptes-rendus, à M. QUILLIET, Professeur à la Faculté de Théologie, et Directeur des *Questions Ecclésiastiques*, 3, rue d'Isly, Lille. — Secrétaire de la Rédaction : M. l'abbé DEHOVE, Professeur de Philosophie à la Faculté des Lettres, Docteur ès-lettres.

Ancien Directeur-Fondateur : Mgr CHOLLET, évêque de Verdun.

9 782019 240578